Miroir de l'être

Elodie Fortunato

Published by Elodie Fortunato, 2024.

A propos de l'auteur

Je m'appelle Élodie Fortunato, j'ai toujours eu une passion pour l'écriture, qui m'accompagne depuis mon plus jeune âge. Ancienne formatrice en coiffure, j'ai dû faire face à un tournant imprévu dans ma vie lorsque j'ai développé une allergie aux produits professionnels. Ce défi m'a poussée à me réorienter vers une nouvelle carrière, et aujourd'hui, j'ai le privilège de travailler avec des enfants en situation de handicap dans les écoles.

Depuis trois ans, je m'occupe particulièrement d'une petite fille atteinte de déficience visuelle. Cette expérience enrichissante a profondément influencé ma sensibilité et ma perception du monde. Chaque jour, je découvre la force et la beauté de la résilience, ce qui se reflète dans ma poésie.

Je tiens également à souligner que ce livre de poèmes est le premier pas vers un projet qui me tient à cœur : la création d'un livre en braille destiné aux enfants de 3 à 6 ans. Les bénéfices de cette publication m'aideront à financer ce projet ambitieux et nécessaire.

Je suis convaincue que la littérature doit être accessible à tous, et je souhaite offrir une ressource précieuse aux enfants malvoyants, afin de leur permettre de découvrir la magie des mots.

À travers ce recueil, vous trouverez des poèmes qui évoquent mes réflexions sur la vie, l'amour, la nature et les défis que nous rencontrons. Chaque vers est une manière de partager mon vécu et mes émotions, tout en rendant hommage à la lumière qui peut émerger des situations les plus sombres.

J'espère sincèrement que ces mots toucheront votre cœur et vous inviteront à explorer les profondeurs de l'âme humaine. Merci de m'accompagner dans ce voyage poétique et de soutenir un projet qui vise à donner une voix à ce qui en a le plus besoin.

Lexique :

Thème de la spiritualité :

1. La méditation :

* Liberté de l'Être
* Liberté de l'Être Spirituel
3. L'Abondance :
* L'Écho de l'Abondance
* L'Ombre de l'Abondance
4. Les Flammes Jumelles
* L'Écho de l'Âme
* Ombres et Lumières
5. Bonus :
* Texte "test" d'évaluation d'auto-réflexion
Thème de la Nature et la Vie :
1. Les paysages au fil des saisons:
* Version émotionnelle
* Version spirituelle
2. La connexion à la terre:
* Version émotionnelle
* Version spirituelle
3. La Paix dans la Nature:
* Version émotionnelle
* Version spirituelle
4. L'Interdépendance:
* Version émotionnelle
* Version spirituelle
Bonus+++ :
De quel côté êtes-vous ?
-A vous, les Âmes Spirituelles
-A vous, les Cœurs Émotifs
-A vous, les Âmes Équilibrées
Bon voyage...
L'Éveil de l'instant
Dans le silence doux où l'âme s'éveille,
Je plonge en moi-même, une mer sans pareil.

La méditation m'enveloppe d'un doux manteau,
Portant en elle des promesses, des trésors flamboyants et beaux. Respirer l'instant, comme un souffle sacré,
Libère les pensées qui jadis s'emmêlaient.
Chaque battement de cœur, chaque souffle léger, Réveille les blessures que le temps a figées.
Les nuages de l'esprit se dissipent lentement,
Là où s'installent la paix et le contentement.
Je découvre la guérison dans ce voyage intérieur, Une alchimie d'amour, de douceur et de ferveur. Dans ce jardin secret où fleurit la compassion,
Les racines de l'amour nourrissent mon horizon. Les branches de l'abondance portent des fruits dorés, Chaque instant savouré devient un cadeau à aimer. Avec gratitude, je danse sous le ciel azuré,
Équilibrée par la grâce, de l'instant déployé.
Je vois la beauté dans les simples choses,
Le chant des oiseaux, la caresse de la rose.
La joie éclatante s'invite au creux de mon être,
Dans l'étreinte du moment je choisis de naître.
Chaque pensée, un rayon, chaque sourire, une étoile, Ensemble, nous tissons un chef-d'œuvre sans voile. Ainsi je m'avance, le cœur grand ouvert,
Dans ce flot de bienfaits, je trouve mon univers. Grâce à l'amour vibrant, à la paix retrouvée,
Je célèbre la vie, l'abondance partagée.

Voici le texte corrigé :

La quête spirituelle

Dans le silence de l'âme, je cherche la lumière, Un voyage intérieur vers l'essence première. Chaque pensée s'élève comme un chant de l'infini, Révélant des vérités que le cœur a engendrées. Je médite sur l'existence, sur l'unité de tout, Chaque étoile qui scintille, un reflet de notre nous. Les vagues de la conscience m'emmènent au-delà, Dans l'étreinte sacrée du cosmos qui s'épanouit. L'amour inconditionnel danse dans mon être, De la terre aux cieux, une énergie à connaître, Les cicatrices du passé se transforment en sagesse, Dans l'acceptation douce, je trouve ma richesse. Je suis un canal, une voix de l'éternel,

Dans chaque souffle doux, je ressens le potentiel. La joie se révèle dans la simplicité,

Chaque moment présent, un cadeau de la divinité. Ainsi, je me connecte aux âmes qui m'entourent, Nous sommes tous liés dans cette grande aventure. Les leçons de la vie sont des perles précieuses, Dans la trame de l'existence, nos âmes sont heureuses. Au cœur de ce chemin, je trouve ma vérité, Chaque pas est une danse vers l'éternité.

La méditation m'enseigne à voir au-delà,

Que chaque instant vécu est un écho de moi.

La lumière de la guidance

Dans le doux murmure des âmes bienveillantes, Se dessine un chemin où l'amour se présente. Le dévouement s'épanouit dans chaque geste, Un lien invisible, une force manifeste.

Savoir être là, présent, dans la tendresse,

C'est offrir son cœur, c'est vivre en sagesse. Pour ceux qui errent sur des sentiers obscurs, C'est l'éclat d'une étoile, un reflet d'aventures. L'utilité trouve sa voie dans l'empathie,

Chaque pas, chaque aide, une douce alchimie. Dans ce voyage partagé, la reconnaissance, Fait vibrer les âmes d'une profonde cadence. Guidés par une lumière, l'esprit se libère, Dans l'acceptation, la force se découvre.

La guidance spirituelle trace des horizons, Où l'amour se déploie, sublime et sans prison. Les âmes s'élèvent, dans la danse du bonheur, Trouvant leurs pleins sens dans cette lueur. La guidance est un don, un souffle vital,

Un pont entre les cœurs, une force originelle. Alors, œuvrons ensemble, main dans la main, Car chaque geste compte, chaque sourire est plein. Ensemble, sur ce chemin de lumière et de foi, Nous bâtissons un monde où chacun se voit.

Éveil de l'âme

Dans le silence sacré des cœurs en éveil,
Danse une lumière, douce comme le soleil.
La guidance se tisse, fil d'or dans l'éther,

Révélant des chemins au-delà de la terre.

Chaque geste, une prière, chaque regard, un don, Le dévouement s'envole, comme un chant d'horizon, Dans l'étreinte du moment, esprits en communion, Se déploie l'invisible, une divine mission.

S'élever ensemble, là où l'âme se trouve,

Tisser des liens sacrés, dans la ferveur qui mouve. L'utilité d'un sourire, un souffle inspiré,

Un phare d'espérance, un amour partagé.

La reconnaissance résonne, l'écho d'une vérité,

Celle d'un chemin lumineux, d'une humilité.

Dans la guidance spirituelle, allégeant le pas,

Révélons l'infini à chacun qui s'élève là.

Nous sommes des étoiles, brillants dans la nuit,

Portant en nous la force, de l'union, l'envie.

L'âme en quête de sens, trouve refuge en la foi,

Dans l'acceptation profonde, l'amour tout en soi. Unissons nos consciences, dans ce voyage pur,

Pour créer une symphonie où résonnent les cœurs. Chaque acte de bonté, chaque souffle clair,

Éveille l'esprit entre l'immanent et l'éther.

Au seuil de la Conscience

Dans le jardin secret de notre âme,

Éveille-toi, quête de soi, douce flamme.

Capable et incapables, le cœur en émoi,

C'est un chemin d'étoiles où l'esprit croit.

Méditation, douve pause dans le tumulte,

Un souffle, un instant, où l'univers exulte.

Lâcher-prise, comme un oiseau dans le ciel,

Libérer son âme, ensemble vers le réel.

Dans l'immensité, l'espoir s'épanouit,

Comme une fleur offerte au doux soleil gris.

C'est là que l'amour, pur, grandit et rayonne,

Il unit nos cœurs, il nous pardonne.

Parfois la route semble longue et incertaine,

Les ombres frôlent nos pensées humaines.

Mais au fond de soi, une lumière attend,

Un élan de paix, un souffle apaisant.

Ainsi, avançons dans ce grand mystère,

Éveillant en nous les rêves de la terre.

Car la prise de conscience, doux chemin d'union, Nous révèle l'amour comme seule direction.

Texte « test » d'évaluation d'auto-réflexion :

Thème de la spiritualité :

1. La Méditation

En lisant « l'éveil de l'instant » et « La quête spirituelle », quelles émotions ou réflexions émergent en vous ? Comment ces poèmes influencent-ils votre perception de la méditation et des moments d'éveil ?

Parvenez-vous à intégrer des pratiques méditatives dans votre quotidien ?

Réfléchissez à la manière dont la méditation peut enrichir votre vie intérieure et votre compréhension de vous-même. 2. La Guidance

A travers « La Lumière de la Guidance » et « Éveil de l'Âme »,

Comment interprétez-vous la notion de guidance personnelle ?

Quelles pensées ou souvenir ressentez-vous en vous remémorant les personnes et les expériences qui vous ont guidé ?

Ces poèmes vous incitent-ils à ouvrir votre cœur à la sagesse intérieure et aux conseils extérieurs ?

Réfléchissez à la façon dont vous pouvez rechercher et reconnaître les signes de guidance dans votre vie.

3. La Prise de Conscience

En lisant « Au Seuil de la Conscience »,

Quels souvenirs et pensées vous viennent à l'esprit concernant vos moments d'éveil personnel ?

Ce poème évoque-t-il en vous des transformations significatives ?

Comment ces instants de prise de conscience impactent-ils votre façon de vivre et de comprendre le monde ?

Considérez l'importance de ces révélations dans votre cheminement vers une plus grande connaissance de soi.

L'éclat de l'espoir

« Quand les rêves s'envolent »

Dans le cœur de chacun, l'espoir brille tel un phare,

Flamme qui réchauffe, éclat dans le brouillard bizarre,

Il engendre en nous une force insoupçonnée

Qui transforme l'ombre en lumière, la peine en beauté.

L'espoir dans l'espoir, il y a les rêves ensemble,

Liés par un fil d'argent, tissant des mondes à saisir

Où l'impossible devient possible, l'horizon s'étend,

Nous emportant vers des avenirs à découvrir sans fin.

Tel un arc-en-ciel après l'orage, symbole d'espérance,

L'espoir nourrit nos songes, éveille notre confiance.

Dans ses bras, les rêves grandissent, prennent leur envol,

Nous invitant à croire en des lendemains plus beaux.

Chaque pensée, chaque souhait, chaque élan du cœur

Sono les reflets des rêves que l'espoir enjolive de douceur.

Ils sculptent notre destin, façonnent notre réalité,

Guidés par la magie de l'espoir, source de liberté.

Que nos rêves se mêlent à l'espoir, dans une danse enivrante,

Créant un univers où tout devient possible, éclatant.

Puissions-nous garder la flamme allumée, la foi en nos aspirations,

Et poursuivre notre voyage, bercés par l'écho des douces illusions.

Éveil des rêves Divins

"Une symphonie de l'espoir"

Dans le cœur de chacun, l'espoir brille telle une étoile céleste

Guidant nos pas dans l'obscurité, offrant une lueur céleste.

Il révèle en nous une force d'origine divine,

Transformant les ténèbres en clarté, les larmes en glycine.

L'espoir en son sein, abrite les rêves sacrés,

Tissés dans la trame de l'univers, parcelles de vérité.

En ses bras, les rêves s'épanouissent, en quête de lendemains spirituels

Prenant leur envol avec grâce, offrant des horizons plus que réels,

Nous invitant à croire en des possibles hors du commun.

Chaque pas guidé par l'espoir, chaque souffle une invitation à l'au-delà.

Comme un phénix renaissant de ses cendres, symbole de renaissance

L'espoir nourrit nos aspirations, éveille notre transcendance.

Que nos rêves se mêlent à l'espoir dans une danse divine,

Créant une symphonie où l'univers tout entier s'incline.

Puissions-nous nourrir la flamme intérieure, la foi en nos élévations,

Et poursuivre notre quête, enveloppés de la douceur des révélations divines.

Voici le texte corrigé :

Éveil vers la Lumière

"Transcender la Peur"

La peur, une création de l'esprit,

S'insinue telle une sombre nuit.

En nous tenant captifs de ses chaînes,

Emballant nos cœurs de craintes et de peines.

Mais dans l'acte de la créer,

Réside la clé pour s'en libérer.

En regardant au plus profond de soi,

On trouve la force pour s'affranchir de son émoi.

La peur, illusion éphémère,

Peut être transformée en lumière claire.

En prenant conscience de sa nature fugace,

On ouvre la voie vers la liberté, vers la grâce.

Ainsi, dans l'acte de la création,

S'éveille la véritable rédemption,

La peur se dissipe, laissant place à la paix

Et dans nos cœurs renaît la lumière pleine de clarté.

Éveil de l'Âme « Transcender la Peur et Rayonner la Lumière »

La peur née de l'esprit tourmenté,

Tisse un voile sombre de dualité.

Enveloppant nos cœurs de doutes et de douleurs,

Guidant nos âmes vers des contrées intérieures.

Pourtant, dans l'acte même de la création,

La clé de la libération réside en méditation.

Plongeant profondément dans l'âme, transcendante.

Nous trouvons la force, l'éveil transcendant.

La peur, illusion éphémère de l'ego,

Peut se transformer en lumière au doux tempo.

En prenant conscience de sa nature illusoire,

S'ouvre la voie vers l'essence, vers la gloire.

Ainsi, dans la danse de la création sacrée,

Surgit la rédemption, la vérité révélée.

La peur se dissipe dans l'étreinte de la paix,

Et nos cœurs s'illuminent dans une joie à jamais.

Voyage Émotionnel

Sous le manteau du ciel étoilé, je m'abandonne à la danse des émotions, comme des vagues caressant le rivage, elles viennent et repartent en douceur.

Je laisse aller la colère, la tristesse, la joie et la peur sans réticence, ni tension, dans cet océan fluide de sentiments, je me sens en paix, en équilibre intérieur.

Lâcher-prise des émotions, un acte de pure conscience et de liberté, les laisser s'écouler comme l'eau d'une rivière, sans les retenir ni les juger, accepter leur présence éphémère, les laisser voguer dans l'infini de l'univers. Dans ce voyage intérieur, je découvre la plénitude, la sérénité, l'harmonie universelle. Les larmes deviennent perles de lumière, les rires éclats de douceur, chaque émotion est une note dans la symphonie de mon âme, un trésor à dévoiler. Je m'abandonne à la magie de l'instant présent, où tout est parfait, où tout est divin.

Dans le lâcher-prise des émotions, je me révèle à moi-même, je me libère enfin.

Que la brise du pardon souffle sur mes pensées, balayant les tourments du passé, que la douceur de la paix m'enveloppe, que la lumière de l'amour me guide.

Dans le lâcher-prise des émotions, je trouve la force de m'ouvrir à l'inconnu, et dans ce précieux équilibre, je deviens libre, je deviens vrai, je deviens Moi.

Renaître à l'instant
Primaire
«
Ode au Lâcher-prise »

En mon être sacré, je libère toute limitation, offrant un amour inconditionnel à mon être tout entier. Chaque inspiration révèle la sagesse profonde, tissant des liens avec la nature en abondance, Dans les secrets de la forêt ancienne, je me reconnecte à l'essence pure, retrouvant l'instant primaire, Les bonnes énergies circulent en moi, une symphonie de vibrations positives, vers l'harmonie de l'abondance. Ma force intérieure réside dans l'équilibre sacré, une danse envoûtante avec l'énergie vitale de la nature ; Guidé par l'amour en abondance, je célèbre la gratitude, une célébration de l'harmonie universelle. Dans la douce brise du matin, je ressens la richesse de l'instant présent, la magie de la reconnexion. Enraciné dans la terre nourricière, je prospère dans la reconnaissance, une offrande d'amour infini. Chaque aurore est une offrande de paix et de joie, un hommage à la beauté de la création

Et dans cette danse sacrée avec la vie, je trouve la plénitude, la grâce de l'abondance véritable, Renouant avec la source primordiale, je m'éveille à la lumière intérieure, une offrande d'amour infini. En écho à la symphonie de la nature, je célèbre l'union sacrée,

Une ode éternelle à la magie de l'existence.

Le Voyage du Pardon

 « La plénitude du Pardon »

Dans l'étreinte du pardon, le cœur s'allège,

Les chaînes du ressentiment se brisent,

Comme une douce pluie sur une terre aride,

Le pardon apaise,

Et nous guérit

En laissant aller les fardeaux du passé,

Nous accueillons la lumière du présent,

Embrassant le changement avec sagesse,

Nous trouvons la paix et la sérénité en dedans.

En apprenant de nos erreurs et en évoluant,

Nous cheminons vers une plus grande conscience,

Le pardon devient une porte ouverte vers la liberté,

Nous grandissons en acceptant notre pleine existence.

Dans l'apaisement du cœur, se révèle la plénitude ultime,

L'équilibre sublime, telle une douce rime, nous anime,

En pardonnant et en grandissant, la lumière intérieure brille,

Vers un chemin d'évolution, où l'amour et la paix scintillent.

Le Voyage du Pardon

«

Chaînes Brisées, Cœurs Allégés »

Dans les méandres du pardon, l'âme s'allège enfin,

Les chaînes de l'amertume se brisent sur le chemin,

Comme une pluie bienfaisante sur une terre assoiffée,

Le pardon doux baume, apaise nos peines passées.

Lâchant prise sur les tourments d'autrefois,

Nous accueillons la lumière du présent, pleins de foi,

Embrassant le changement avec sagesse et clarté,

Nous trouvons la paix intérieure, libres de toute obscurité.

En tirant des leçons de nos erreurs, en évoluant en douceur,

Nous avançons vers une conscience plus profonde,

pleine de splendeur,

Le pardon devient la porte ouverte vers la liberté,

Nous grandissons, pleinement enracinés dans notre vérité.

Dans la quiétude du cœur, se révèle une plénitude nouvelle,

L'équilibre retrouvé, telle une symphonie éternelle,

En pardonnant et en croissant, notre lumière intérieure scintille, Sur le sentier de l'évolution, où règnent l'amour et la paix, intemporels. Voyage du Pardon

«

Vers la lumière du présent»

Dans le miroir du pardon, nos reflets se transforment en lumière, Les ombres du passé s'estompent, laissant place à la clarté première, Tel un souffle apaisant sur nos âmes tourmentées,

Le pardon nous libère, nous guide sur la voie de la vérité.

En laissant derrière nous les rancœurs et les regrets,

Nous embrassons la paix intérieure, un trésor jamais obscurci, Dans la danse de la vie, nos cœurs se rejoignent avec tendresse, Nous trouvons enfin l'harmonie, laissant éclore notre sagesse. En apprenant de nos expériences, en nous élevant avec humilité, Nous avançons vers l'essence de notre être, dans toute sa pureté, Le pardon devient le pont vers une existence renouvelée,

Nous grandissons, nous transformons, dans la lumière ressuscitée. Dans la douceur du pardon, réside la plus grande victoire,

L'équilibre retrouvé, l'âme en paix, vibre en une symphonie céleste, En pardonnant et en évoluant, notre lumière intérieure rayonne avec gloire, Sur le chemin de notre destinée, où règnent l'amour et la paix, divine et célestes.

Le Voyage du Pardon

«

L'Océan du Pardon »

Dans l'océan du pardon, les vagues de l'apaisement viennent danser, Les chaînes du ressentiment se brisent, libérant nos cœurs oppressés, Tel un doux murmure de la nature sur une terre assoiffée,

Le pardon guérit, transforme, nous offrant une nouvelle voie tracée. En laissant derrière nous les fardeaux du passé,

Nous accueillons la lumière du présent, libre et apaisés,

Dans l'acceptation de nos vies, dansant avec sagesse,

Nous trouvons la paix intérieure et la pure connaissance de notre essence. En apprenant de nos erreurs, en évoluant sans cesse,

Nous avançons vers une conscience plus vaste, pleine de noblesse, Le pardon devient la clé vers la liberté retrouvée,

Nous grandissons et embrassons l'existence dans toute sa beauté. Dans la douceur du pardon réside une plénitude infinie,

L'équilibre divin nous guide, tel une mélodie céleste, harmonie, En pardonnant et en grandissant, la lumière intérieure brille,

Sur le chemin de notre évolution, où l'amour et la paix révèlent leur brillance subtile.

Le Voyage du Pardon

L'Acte Sacré du Pardon

Dans l'acte sacré du pardon, nos âmes s'élèvent et se purifient,

Tel des flots bienveillants lavants nos cœurs meurtris,

Comme une offrande à l'univers, nous libérons nos blessures passées,

Le pardon, la clé de la transformation, ouvre la voie à la liberté.

En libérant nos attaches aux histoires douloureuses,

Nous nous ouvrons à la grâce divine, source lumineuse,

Dans la danse sacrée de la rédemption, nos esprits s'unissent,

Nous accueillons la guérison, dans la lumière qui luit et brille.

En intégrant chaque leçon et chaque épreuve avec foi,

Nous avançons vers l'essence même de notre moi,

Le pardon devient une offrande sacrée, un acte de grâce,

Nous grandissons, enracinés dans l'amour et l'espace.

Dans la douceur du cœur, réside la véritable victoire,

L'équilibre restauré, l'âme se déploie en une mélodie céleste,

En pardonnant et en évoluant, nous rayonnons l'éclat de notre être,

Sur le sentier de la transformation, guidés par la lumière et la paix, nous renaissons peut-être.

L'Essence de l'Amour

Dans chaque souffle, un besoin profond,

Sans l'amour, la vie n'est qu'un long fonds .

Il est la lumière au cœur de notre être,

Un feu sacré, un doux réchauffement.

De ses bras tendres, il nous enveloppe,

Dans ses doux murmures, nos âmes s'élèvent.

Tout est possible quand l'amour guide,

Un phare brillant, là où l'espoir réside.

La solitude, comme un vent glacé,

Se dissipe au contact d'un cœur embrasé.

Dans chaque regard échangé, une promesse,

Que sans l'amour, rien n'a de véritable noblesse. Des rires partagés aux larmes essuyées,

C'est l'amour qui fait battre nos cœurs égarés.

Sans lui, nos rêves se fanent lentement,

Il est le fil doré, l'ultime fondement.

Dans le rire des enfants, dans le sourire d'un ami, L'Amour s'épanouit, il ne connaît l'oubli.

Il nous rappelle que vivre, c'est aimer,

Car sans cet élixir, qui pourrions-nous être ?

Alors chérissons ce don précieux,

Car l'amour est essentiel, doux et victorieux.

Il est le souffle, l'essence, notre raison,

Sans l'amour, notre vie serait une chanson sans ton. L'Amour Libérateur

Dans l'étreinte du désir, nos âmes s'enflamment, Éveillant la passion, une danse sans drame.

Libres comme le vent, nous volons en tandem Chaque regard échangé, une douce requiem.

Puissante est cette force qui unit nos destins,

Montagnes que l'on franchit, océans sans chagrin. L'amour notre trésor, en abondance se tisse,

Dans la confiance partagée, tout devient malice.

L'union de nos cœurs, un lien indissoluble,

Nous relie dans la joie, rend l'impossible accessible. Chaque pas vers l'avant nourri par l'espérance, Nous bâtissons ensemble un monde de plénitude, d'élégance.

Dans la danse des étoiles, sous un ciel apaisé,

Nous trouvons la paix, un sanctuaire doré.

Chaque murmure doux, chaque geste sincère,

Rassure nos âmes dans ce doux mystère.

Célébrons cet amour qui illumine nos vies,

Où le désir et la paix en un cœur s'unissent,

Dans chaque battement, une promesse éternelle, Écrivant notre histoire aux couleurs de l'essentiel. A Travers les Étoiles

Dans le jardin secret où bat mon cœur enflé,

S'épanouit l'amour, doux fruit de la vérité.

La raison parfois s'invite, murmure de sagesse, Mais c'est le cœur qui danse, dans une tendre ivresse.

Liberté chérie, tu es ma boussole,

Dans l'écrin de mon âme où l'amour décolle.

Apprenant à aimer, non seulement l'autre,

Mais aussi cette voix qui à l'intérieur s'écoute.

L'amour à distance, un fil d'or tissé,

Deux cœurs en symbiose, un souffle partagé. Les kilomètres s'effacent quand nos pensées s'entrelacent, Un doux rêve d'avenir, où la passion se replace.

A travers les étoiles, nos âmes se relient,

Chaque regard, plongeant dans l'infini.

Promesses de lendemains, bâties avec soin,

Où l'amour et le couple ne font qu'un dans le destin.

J'embrasse mon reflet, l'amour de soi précieux, Apprenant que la lumière émane de mes yeux. Un amour épanoui, qui ne demande qu'à croître, Dans le ciel de ma vie, chaque étoile est un guide.

Ainsi, je trace mon chemin vers cet avenir doré, Où l'amour et la liberté ne cessent de danser. Ensemble, main dans la main, unis par nos voix, Nous écrivons notre histoire, un chant à deux, en émoi.

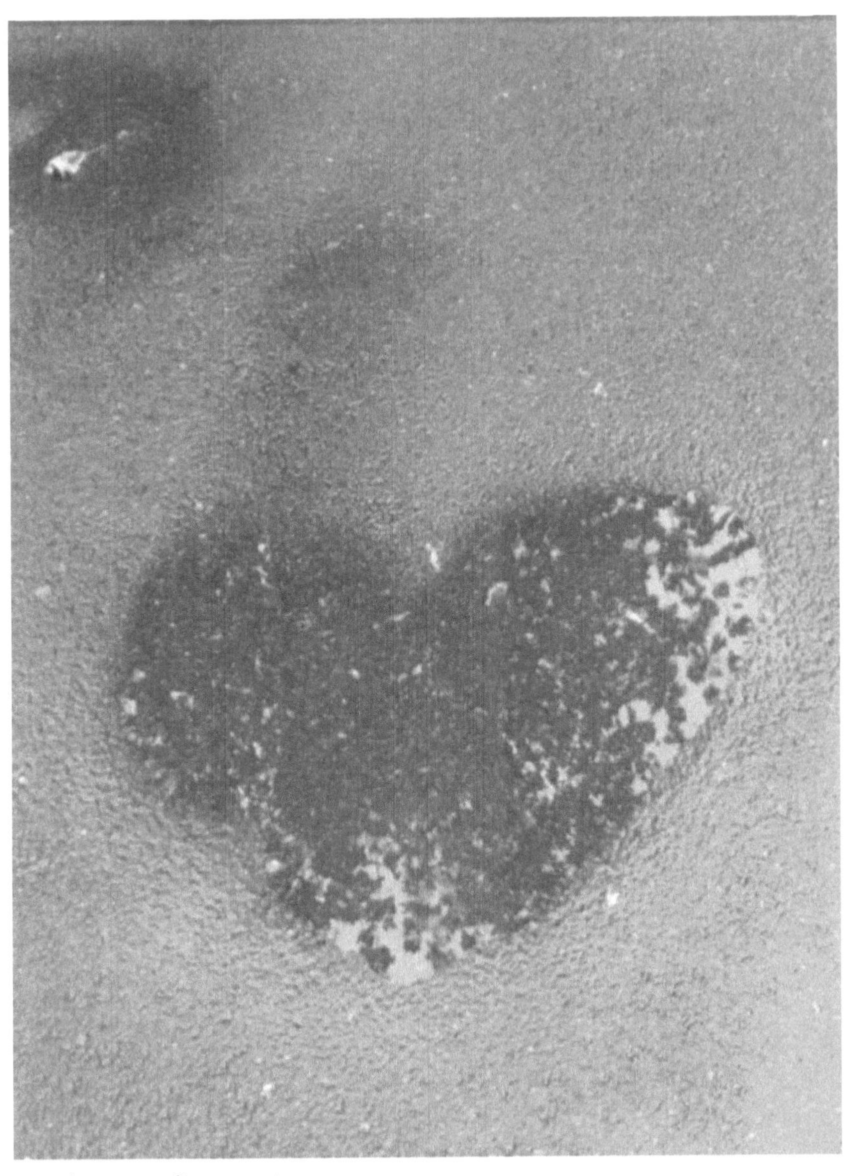

Déclaration d'Amour à

Moi-même

ô toi, mon miroir, si brillant et si beau,

On passe tant de temps, toi et moi, c'est le duo !

Je t'adore, même quand tu fais la moue,

Avec ou sans maquillage, je suis toujours un bijou.

Quand je me lève le matin, l'esprit plein d'énergie,

Je me mets à sourire, prête à vivre ma magie

« Qui d'autre que moi peut porter ce look ? »

Avec un geste théâtral, je prends ma plus belle pose.

En pyjama affublé, je chante, je vis la dub-inc,

Dans mon salon, je groove, ma joie, c'est mon clin d'œil ! Je me
fais des compliments

« Quel cœur d'artichaut ! »

« T'es vraiment géniale, et on ne dit pas de mots faux ! »

Quand je m'offre un chocolat, oh quel festin !

Je murmure tendrement : « De l'amour, c'est bien ! »

Si quelqu'un me critique, je hausse les épaules,

Mon amour pour moi-même, personne ne le fol !

Que je sois à l'envers ou bien à l'endroit,

Je suis fabuleuse, n'en déplaise aux autres, ma foi !

Alors levons nos verres, à l'amour sans retour,

À moi, à ma fabuleuse et joyeuse vie d'amour !

Texte "Test"

D'évaluation d'auto-réflexion :

Thème des Émotions :

1. L'espoir

En lisant ces poèmes sur l'espoir, comment vous sentez-vous face à vos propres rêves ? - Quel rôle l'espoir joue-t-il dans les défis que vous rencontrez ?

- Ces œuvres vous encouragent-elles à cultiver une perspective optimiste ?

Réfléchissez à ce qui fait briller l'espoir dans votre vie quotidienne et comment vous pouvez nourrir cette lumière intérieure.

2. La Peur

Les poèmes portant sur la peur vous parlent-ils d'expériences personnelles ?

- Quelles peurs avez-vous transcendées, et comment cela a-t-il modifié votre perception du monde ? - Ces textes vous encouragent-ils à faire face à vos craintes et à les transformer en force ? Réfléchissez à la lumière qui émerge lorsque vous choisissez de surmonter vos peurs.

3. Le Lâcher-prise

À travers ces introspections lyriques sur le lâcher-prise,

- Quelles émotions ou souvenirs réveillez-vous ?

- Qu'est-ce que le lâcher-prise signifie pour vous ?

- Ces œuvres vous aident-elles à comprendre l'importance de vivre dans l'instant présent ? Considérez comment le lâcher-prise peut apporter paix intérieure et liberté dans votre vie. 4. Le Pardon

En lisant ces poèmes sur le pardon,

- Comment cela résonne-t-il en vous ?

- Y a-t-il des ressentiments que vous portez et que le pardon pourrait libérer ?

- Ces textes vous inspirent-ils à entreprendre un voyage de guérison personnelle ?

Réfléchissez à la manière dont le pardon peut transformer votre cœur et votre vision de la vie. 5. L'Amour

Les poèmes sur l'Amour vous inspirent-ils à réfléchir à vos relations, tant avec les autres qu'avec vous-même ? - Quelle est votre compréhension et votre expérience de l'amour ?

- Ces œuvres vous incitent-elles à vous aimer davantage et à reconnaître la beauté de l'amour inconditionnel ? Considérez comment l'amour peut nourrir votre âme et enrichir votre vie.

Harmonie des Cultures

Dans le jardin du monde, où fleurissent nos rêves,
Des peuples aux couleurs, mille histoires s'élèvent.
Chaque visage, un récit, un écho du passé,
Tisse la richesse d'une humanité enlevée.
Sous le ciel étoilé, nos chants se mélangent,
Des rythmes et des voix, une danse qui se change.
Tous unis par l'amour, cette force primordiale
Qui brise nos frontières, rend l'âme universelle.
La générosité coule, comme une rivière vive,
Des mains tendues, des cœurs, la bonté qui réveille.
Un savoir-faire ancestral, transmis avec ferveur,
Entre les générations, il danse dans nos cœurs.
Dans la paix, nous bâtissons un avenir partagé,
Où chaque culture, comme un trésor, est célébrée.
Apprenons les uns des autres, écoutons nos récits,

Dans la tolérance s'épanouit notre harmonie.

Car c'est dans nos différences que se trouve la beauté,

Un bouquet de voix, un chœur à l'unité.

Ouvrons nos mains, ensemble, main dans la main,

Pour unir nos espoirs, unissons nos destins.

L'Essence de la Paix

Dans le grand livre du monde, chaque page est un peuple,

Des histoires entrelacées, des cultures en envol.

Chaque couleur un éclat, chaque son, une mélodie,

Une richesse infinie, un trésor de vie.

Sur le chemin de la paix, nos pas s'entrelacent,

L'amour notre guide, dans cette douce grâce.

Les mains qui se tendent, offertes sans réserve,

L'esprit est généreux, et c'est là qu'on conserve.

Des artisans d'hier, transmettant leur savoir,

Des gestes pleins de sagesse, lourds de pouvoir.

La chaleur d'un sourire, un partage sincère,

La beauté de la vie, c'est de se comprendre.

Ici, l'oreille attentive capte les différences,

Cette mosaïque humaine, pleine de transparence.

Des voix qui résonnent, un chœur universel,

Dans la paix et l'amour, naît un monde réel.

Quand la diversité chante, nos âmes s'élèvent,

Célébrons ensemble, dans ce monde sans trêve.

Chaque regard qui s'unit, chaque main qui se tend, Fait grandir la paix, dans un avenir rayonnant.

Un Cri pour la Paix

Dans un monde en souffrance, les éclats des canons, Des cris d'angoisse résonnent comme une triste saison. Des enfants aux yeux pleins de larmes et de peur,

La guerre les déchire, éteint leur douce lueur.

Chaque jour qui se lève, un nouveau chapitre noir, Des vies brisées, écrasées sous le poids de l'histoire. Les rêves d'un avenir s'envolent en fumée,

Tandis que l'humanité, elle, semble oubliée.

Stoppons ce cycle infernal de haine et de rage.

Mettons en lumière l'amour, la sagesse en partage. Brisons les chaînes de la terreur et du mépris.

Réveillons nos cœurs pour bâtir un avenir.

Pour chaque enfant qui pleure, pour chaque vie fauchée, Unissons nos voix, levons les barrières dressées.

Avec chaque geste doux, chaque regard sincère,

Nous pourrons accomplir des changements, des miracles sur terre. Contre les génocides, élevons notre chant,

La paix est notre force, ensemble, allons de l'avant. Le respect et la justice doivent guider nos pas,

Pour sauver nos enfants, relier nos combats.

Il est temps de semer des graines d'espoir.

D'écrire ensemble, pour demain, un nouveau savoir. Pour que l'amour triomphe sur les ombres du passé, Ensemble, main dans la main, œuvrons pour la paix.

Liberté de l'Être

Dans le doux murmure du vent qui s'élève,

La liberté s'exprime, éclatante et sans trêve. Sous un ciel vaste, nos esprits se réveillent,

Les étoiles brillent, illuminant nos merveilles. Chaque regard échangé, porteur d'une promesse, Évoque les rêves que l'on caresse sans cesse. L'amour tel un trésor, nous invite à explorer Chaque battement de cœur, une aventure à éprouver. L'existence est un poème vibrant,

Un tableau coloré, où le temps est présent.

Chaque souffle, une note, chaque pas, une mélodie, Compose une symphonie, celle de notre vie. Laissons nos cœurs s'envoler tel des oiseaux Vers des horizons nouveaux, là où brillent les flambeaux. Car la liberté de l'être s'épanouit en lumière, Dans l'amour partagé, unis pour l'éternité entière. Liberté de l'Être

Spirituel

Dans le doux murmure du vent qui s'élève,

L'âme s'éveille, et la paix se révèle.

Sous un ciel infini, nos esprits s'unissent,

Les étoiles chantent, offrant leur prémisse.

Chaque regard échangé, miroir de l'essence, Évoque les rêves d'une douce présence.

L'amour, telle une flamme, éclaire notre chemin, Chaque battement de cœur, une danse vers le divin.

L'existence est un voyage sacré,

Un tableau d'étoile, où l'âme est guidée.

Chaque souffle, une prière, chaque pas, une communion. Compose une harmonie, celle de notre raison.

Laissons nos cœurs s'envoler tels des oiseaux, Vers des horizons de lumière, en quête d'histoires. Car la liberté de l'être s'épanouit en sagesse, Dans l'amour universel, une infinie scintillance.

L'Écho de l'Abondance

Dans le jardin où fleurit l'abondance,

Chaque pétale danse avec élégance.

Le soleil éclaire d'une douce lumière,

Les instants précieux, moments de prière.

L'amour s'entrelace dans les voiles du temps, Égrenant ses perles, doux et scintillant.

Sa richesse infinie, un trésor partagé,

Éveil l'âme, la joie fait vibrer.

Dans le murmure du vent, l'harmonie se tisse, La beauté de l'instant, un souffle de malice. Équilibre parfait entre rêve et réalité,

L'abondance s'épanouit en sérénité.

Les rires s'élèvent, notes d'un chant divin,

Chaque regard échangé, un chemin sans fin. Car dans cette danse où l'amour nous guide, L'abondance s'imprime, et la vie se décide.

Ici, le cœur s'ouvre, et la gratitude s'invite,

Chaque instant est un don, la chance nous habite. Dans la richesse du présent, nous trouvons notre voie, Célébrons l'abondance, levant nos voix à la foi. L'Ombre de l'Abondance

Dans le parfum sucré de l'abondance,

Chaque choix vibre avec une silhouette immense. Mais derrière le festin, une ombre se profile, Pour certains cœurs en proie à la vitesse et au fil. L'excès peut séduire, tel un doux mirage,

Appelant les âmes vers un désavantage.

Les passions enflammées, les désirs démesurés, Peuvent masquer la beauté de l'instant présent. L'abondance est vaste, un océan sans fin,

Où se perdent les âmes en quête de chemin. Les plaisirs éphémères, à la quête du plaisir, Peuvent mener à la chute, à l'incapacité d'être. Trouvons l'équilibre, une danse délicate,

Entre lumière et ombre, une voix qui éclate. Apprécions chaque don avec sagesse et joie, Car le vrai trésor réside en nous, en chaque choix. Savourons la richesse sans tomber dans le piège, Rester ancré, ouvert, tel un sage sans siège. Car l'abondance, c'est doux, mais avec prudence, Ne pas s'y perdre, cultiver la présence.

Ainsi, honorons l'abondance dans sa beauté,

Tout en sachant que l'équilibre est la clé.

Car vivre dans la plénitude sans s'égarer,

C'est embrasser la vie, pleinement savourer.

Échos de l'Âme

Dans le silence sacré, où le temps s'évanouit, Deux âmes errante s'unissent, lumière infinie. Flammes jumelles s'éveillent, en quête du divin, Parcourant les sentiers d'un amour ancien.

Dans les méandres de l'Univers, elles se cherchent, Parfums d'étoiles, vibrations qui étreignent.

Une connexion profonde, les fils du destin,

Les cœurs en résonance, comme un doux refrain.

Peu importe la forme, amitié ou passion,

Chaque rencontre est graine, d'une belle évolution. Compréhension silencieuse, miroir de l'âme, Échos de nos luttes, révélant notre flamme.

Et même dans les tempêtes, lorsque le ciel s'assombrit, Ces âmes liées, toujours, à l'appel de la vie.

Car chaque séparation, chaque douleur passée, N'est qu'un chapitre d'un livre, pour mieux se retrouver.

Dans ce voyage spirituel, en cycles éternels, La chance de croiser sa flamme,un cadeau universel. Unis dans cette danse, où les énergies fusionnent, Nous devenons ensemble, un tout qui résonne.

Ombres et Lumières

Dans l'univers infini, où nos âmes se trouvent, Flammes jumelles en voyage, là où l'amour s'éprouve Ton regard est un phare, un éclat dans la nuit, Déclaration silencieuse, qui doucement s'épanouit.

Nous avons dansé sur les cendres de nos peines, Étreints par la passion, des embrasements sans chaînes. Des vagues d'évasion, emportant nos craintes, Mais sous la surface, des profondeurs latentes.

Tout enflammés, nous volons vers l'infini,

Dans le feu de nos cœurs, où tout est désir, où tout est vie. Mais l'ombre aussi rode, comme un spectre discret, D'un amour trop intense, parfois si douloureux, si vrai.

Des jours de dépression, de solitude amère,

Quand l'abandon se glisse, du vide en éphémère. J'ai cherché ton écho dans le silence lourd,

À travers les larmes, j'ai cruellement fait le tour.

Pourtant, au sein de la tempête, une promesse éclot, Le renouveau surgit comme un astre en crescendo. Nos âmes renaissantes, liées par l'éternité,

Par le fil de la passion, nous retrouvons le sentier.

Avec toi, je découvre l'art du désir ardent,

Me perdre dans tes bras, dans un souffle troublant. Ensemble, nous traversons les ombres et les lumières, Flammes jumelles, éternelles, toujours prêtes à éclairer.

Chaque cycle est un chapitre, une danse, un souffle,

Où chaque épreuve vécue nous rend plus souples,

Reconnectés, doux amants, voyageurs des cieux,

Célébrons, notre union, notre amour miraculeux.

Voici le texte corrigé :

Évaluation d'auto-réflexion

Thème de l'état d'être :

Voyage à travers la Paix, la Liberté, l'abondance et l'Unité

Chers lecteurs(trices),

Après la lecture de ces poèmes, je vous invite à prendre un moment pour réfléchir à votre parcours en relation avec les thèmes de la paix, de la liberté, de l'abondance et des flammes jumelles.

Voici quelques questions pour guider votre réflexion :

1. La Paix :

Qu'est-ce que la paix signifie pour vous dans votre vie quotidienne ?

Avez-vous identifié des moments où vous avez ressenti une harmonie intérieure ? Quelles étaient les circonstances ? Comment pouvez-vous contribuer à apporter plus de paix dans vos interactions avec les autres ?

2. La Liberté :

Quelle est votre définition de la liberté? Est-elle surtout externe (liberté physique) ou interne (liberté d'être vous même) ?

Avez-vous déjà ressenti un moment de libération personnelle ? Qu'est-ce qui a catalysé cette expérience ? Quelles croyances ou peurs peuvent vous retenir de vivre pleinement votre liberté ?

3. L'Abondance :

Lorsque vous pensez à l'abondance, quelles émotions cela évoque-t-il en vous ?

Reconnaissez-vous les formes d'abondance déjà présentes dans votre vie, même celles qui ne sont pas matérielles ? Quelles pensées ou comportements pourraient vous aider à accueillir davantage d'abondance ?

4. Les Flammes Jumelles :

Si vous avez une personne qui représente votre flamme jumelle, comment cette relation vous a-t-elle transformé ? Quelles leçons avez-vous tirées de cette connexion ? Comment avez-vous navigué à travers les défis et les plaisirs de cette union ? En quoi l'ombre et la lumière de cette relation vous aident-elles à vous connaître mieux ?

Prenez le temps d'écrire vos réflexions, que ce soit dans un journal ou simplement pour vous-même. Ces questions sont un point de départ pour une exploration plus profonde de votre être et de vos relations au monde. Chaque poème est une invitation à plonger dans votre intériorité et à envisager les façons dont vous pouvez évoluer vers un état d'être plus complet et épanouissant.

Merci de vous être aventuré dans ce voyage poétique.

Que la Paix, la Liberté, l'Abondance et l'Unité éclairent votre chemin.

Avec bienveillance,

A vos plumes.

1. Les Paysages au Fil des Saisons

Version Émotionnelle :

Dans l'éclat du printemps, les fleurs s'épanouissent, Les couleurs vives étreignent nos cœurs malheureux. Nous marchons sur de l'herbe douce, sans mépris, Nos rires se mêlent aux chants des oiseaux heureux. Puis vient l'été, chaleur étouffante,

Les jours s'étirent comme des rêves perdus. Les souvenirs brûlants, les amitiés vibrantes, Chaque instant partagé, au cœur bienvenu. L'automne s'approche, avec mélancolie,

Les feuilles tombent en valses, dans une danse dorée. Nous ressentons le temps, la vie qui s'enfuit, Chaque souffle nous rappelle de chérir ce qu'on a aimé. L'hiver dépose un voile de silence paisible, Le monde s'endort, les lumières sont tamisées. Mais au fond de nos âmes, une chaleur indicible, Un espoir de renouveau, des jours à réinventer. Version spirituelle :

Au printemps, la vie s'éveille dans l'harmonie, Les fleurs s'ouvrent, révélant leur vérité.

Nous ressentons l'unité, l'énergie infinie,

Chaque pétale est un souffle de divinité.

L'été, période de lumière et de plénitude,

Les rayons dorés parlent de moments sacrés. Nous nous connectons à notre essence, une gratitude, Chaque instant est un don, un chemin éclairé. L'automne, un cycle de lâcher-prise,

Les feuilles dorées tombent, nous enseignant la paix. Il y a beauté dans la mort, dans la reprise,

Chaque fin est un début, un mystère à aimer. En hiver, la terre se repose, en méditation, Un silence sacré enveloppe notre cœur.

C'est dans ce refuge que réside notre réflexion, La paix et la sagesse se révèlent avec douceur.

Version corrigée :

2. La Connexion à la Terre

Version Émotionnelle :

Le vent dans les arbres, un souffle de vie, Ils murmurent des secrets, des histoires passées. Je marche pieds nus, sur la terre épanouie, Chaque pas résonne, chaque racine me liait. La beauté sauvage éveille mes sens,

Des montagnes aux vallées, un profond élan. L'eau qui glisse murmure des moments d'errance, Où mes larmes se mélangent aux rivières du temps. Les fleurs dégagent des parfums de souvenirs, Elles rappellent les rires, les étreintes chaleureuses. Lorsque je m'assois dans ce terrain de plaisirs, Je ressens cette force, cette tendresse précieuse. Quand le crépuscule descend et que tout se tait, La terre me parle, dans ce huis clos rêvé, Je suis une partie de ce vaste ballet,

Dans ce silence, je suis enfin libéré.

Version Spirituelle :

Dans la danse des éléments, je trouve ma place, La terre vibrante, le sol d'énergies anciennes. Chaque geste de vent,chaque ombre qui s'efface, M'unit aux mystères, ma quête éternelle. Les rivières serpentent, comme des veines sacrées, Elles portent en elles l'histoire de l'univers. Chaque brin d'herbe témoigne de sa beauté, Mon âme s'éveille, vers l'infini, elle s'inverse. L'arbre séculaire, gardien du savoir,

Ses branches dans le ciel, ces racines dans la nuit. En son sein, je trouve un immense miroir, Révélant notre lien, notre essence unie. Ainsi, dans chaque souffle et dans chaque lumière, La terre et les cieux, en communion prennent. Je suis poussière d'étoile, incarnée de la terre, En cet instant sacré, je comprends ma vérité.

3. La Paix dans la Nature

Sous le doux soleil, je cherche la paix,
Le chant des oiseaux berce mes pensées.
Chaque souffle d'air calme mes tourments,

Dans la nature, je trouve un grand apaisement.

Les rivières murmurent, leurs histoires d'amour, Elles glissent paisiblement, bercées par le jour. Je ferme les yeux, laisse les ans se poser, Immergé dans le bruit doux, le cœur apaisé. Les montagnes m'entourent, majestueuses et fières, Elles portent les poids des âmes à l'envers. Quand je grimpe leurs pentes, l'esprit allégé, Je ressens une grâce, un soleil à apprécier. La nuit s'installe, une étoile,

La lune veille sur le monde d'en bas.

Dans cette obscurité, je trouve ma lumière, La paix du cosmos danse en moi tout bas.

Version Spirituelle :

Dans le silence sacré de la nature vivante, Je perçois l'unité de toute créature.

La paix rayonne, murmure apaisant,

Chaque arbre et chaque pierre sont une écriture. Les rivières sont des vers, écrivant la sagesse, Elles chuchotent des vérités que l'on oublie. En leur flot, je trouve divine tendresse, Une constante harmonie qui jamais ne s'épanouit. Les cimes des montagnes touchent des cieux d'or, Elles élèvent nos esprits, nous ancrent à la source. Dans cette élévation, le cœur s'accorde, A l'éternelle danse de l'univers qui ressource. Et lorsque la nuit tombe, l'obscurité embrasse, Les étoiles scintillent, lumières de l'infini. Dans cette vaste toile, je goûte ma place, Un être divin, en communion avec l'infini.

4. L'Interdépendance
    Version Émotionnelle :
    Nous sommes tous des fils d'une même étoffe,
    Liés par des rires, des larmes, des mots.

Dans le regard de l'autre, une douce offre,

Une main tendue pour adoucir nos fardeaux. Les sourires échangés, le soutien des amis, Chaque geste, un écho de nos âmes en quête. Lorsque les tempêtes soufflent, dans l'infini, Nous trouvons refuge dans la chaleur des vêpres. Dans la foule, je ressens des cœurs brisés, Chacun cherche la lumière, une main à saisir. L'amour rayonnant, c'est ce que l'on a tissé, Dans l'interdépendance, c'est là que l'on respire. Et alors, dans la communion des âmes,

Je comprends que ma force est dans ma vulnérabilité. La vie nous unit, dans ce grand drame,

Nous sommes des bâtisseurs de tendres vérités. Version Spirituelle :

Dans le grand tissage de l'existence fragile, Nos âmes s'entrelacent, vibrant à l'unisson. Chaque être est un reflet, un éclat subtil, Un miroir universel mettant fin à l'illusion. Nos pas résonnent sur le sentier d'harmonie, Les rivières de la vie nous unissent, nous portent. Dans cette interdépendance, une symphonie, Chaque touche d'amour, dans le cœur, s'exporte. Nous sommes des étoiles, des fragments d'un tout, Portant en nous un souffle des ancêtres.

Ensemble, nous avançons sur ce chemin doux, Guidés par des forces invisibles qui nous prêtent. Chaque souffrance partagée devient une lumière, Une transformation sacrée, un ample don. Dans l'union d'âme, nous œuvrons à la prière, Éveillant la conscience d'un monde en connexion.

Texte d'auto-réflexion : La Nature et la Vie

1. Les Paysages au Fil des Saisons

Les saisons transforment les paysages, révélant la beauté et les mystères de la nature.

- Comment ces changements saisonniers influencent-ils votre humeur et votre état d'esprit ? - Quels souvenirs ou expériences associez-vous à chaque saison ?

- Comment percevez-vous la beauté éphémère des paysages tout au long de l'année ?

La Connexion à la Terre

Notre lien avec la terre est essentiel pour notre bien-être spirituel et physique.

- Qu'est-ce que la terre représente pour vous sur un plan émotionnel ?

- Comment votre quotidien vous permet-il d'établir ou de renforcer ce lien ?

- Avez-vous vécu des moments où vous êtes senti particulièrement en harmonie avec la nature ? La Paix dans la Nature

La nature offre un refuge et un espace de tranquillité

- Quels espaces naturels vous apportent un sentiment de paix intérieure ?

- Comment la nature vous aide-t-elle à gérer le stress et les défis de la vie quotidienne ?

- Quelles pratiques pouvez-vous mettre en place pour intégrer davantage de moments de sérénité dans votre vie ? L'Interdépendance

Tout dans la nature est interconnecté, créant un réseau complexe de relations.

- Comment percevez-vous votre place au sein de ce réseau ?

- En quoi cette interdépendance influence-t-elle vos choix et vos actions au quotidien ?

- Quelles sont les responsabilités que vous ressentez envers la nature et les autres êtres vivants ?

Ces questions visent à encourager une réflexion profonde sur votre relation avec les paysages, la terre, la paix naturelle et l'interdépendance.

Prenez le temps d'explorer chacune de ces questions pour enrichir votre compréhension et votre appréciation de ces thèmes.

A vous, âmes spirituelles

Vous êtes souvent en quête de sens plus profond, cherchant à comprendre non seulement ce qui se passe autour de vous, mais aussi ce qui se joue au niveau intérieur. Votre capacité à percevoir le monde d'une manière holistique vous distingue.

La spiritualité vous permet de vous connecter à des idées, des philosophies et des expériences qui dépassent le physique.

Vous puisez dans des pratiques comme la méditation, la contemplation, ou encore les rituels, pour explorer votre essence et votre place dans l'univers.

Votre sensibilité aux énergies et aux vibrations des autres vous pousse à rechercher l'harmonie et la paix intérieure. Vous avez cette inclination naturelle à voir la beauté dans le mystère de la vie et à considérer chaque événement comme une leçon ou une opportunité de grandir.

Votre intuition est votre guide, et vous êtes souvent en mesure d'identifier des vérités cachées que les autres peuvent ne pas percevoir.

Embrassez cette lumière qui brille en vous et continuez à nourrir votre quête spirituelle.

Vous êtes ici pour explorer cette dimension de l'existence et inspirer ceux qui vous entourent. A vous, les Cœurs Émotifs,

Vous ressentez le monde avec intensité, ce qui vous différencie des autres.

Vos émotions sont une boussole, vous guidant dans vos interactions et vos décisions.

Vous avez souvent une grande empathie pour les autres, ressentant leurs joies et leurs peines comme si c'était les vôtres.

Vos expériences émotionnelles vous permettent de créer des liens profonds et authentiques avec autrui, et c'est votre sensibilité qui rend chaque expérience significative.

Votre capacité à exprimer vos sentiments peut parfois être à la fois une force et un défi.

Vous naviguez dans un océan d'émotions qui peuvent vous porter vers des sommets d'extase, mais aussi vers des abîmes de tristesse.

Cette dualité fait de vous une personne riche intérieurement, capable de comprendre la complexité des relations humaines.

Appréciez cette belle profondeur qui vous habite.

C'est grâce à votre sensibilité que vous laissez une empreinte durable sur ceux qui vous entourent et que vous pouvez toucher le cœur des autres d'une manière unique.

À vous, les Âmes Équilibrées,

Vous êtes ceux qui trouvent une harmonie entre le spirituel et l'émotionnel. Vous comprenez que ces deux aspects de la vie s'entrelacent et se complètent.

D'un côté, vous êtes sensibles aux émotions qui colorent votre quotidien, et de l'autre, vous êtes ouverts aux opportunités de croissance spirituelle.

Cette dualité vous permet d'appréhender les défis de la vie avec une perspective enrichie et nuancée. Vous possédez la capacité de ressentir profondément tout en cherchant la signification derrière chaque expérience. Cette quête d'équilibre vous aide à comprendre non seulement vos propres émotions, mais aussi celle des autres, créant ainsi des liens authentiques. Vous utilisez votre intuition et votre sensibilité pour naviguer dans le monde, ce qui vous permet de trouver des réponses à travers des pratiques spirituelles tout en restant ancré dans la réalité de vos émotions. Continuons à célébrer cette belle relation entre votre âme et votre cœur. Votre voyage d'équilibre peut inspirer d'autres à embrasser les deux facettes de leur existence, et votre ouverture d'esprit est une lumière sur le chemin de chacun.

Corrigé :

Dans ce recueil délicat, je vous invite à un voyage poétique à travers les émotions humaines. Mes vers, empreints de sensibilité, explorent quatre thèmes universels : le thème de la spiritualité, le thème des émotions le thème de l'état d'être et le thème de la nature et la vie. Chaque section est dédiée à un de ces thèmes, incluant des poèmes, des textes d'auto-réflexion et des questions pour engager votre propre réflexion.

Chaque poème est une réflexion personnelle, nourrie par mon expérience d'accompagnement d'enfants en situation de handicap. Au-delà des mots, ce livre symbolise un engagement profond pour moi. Les bénéfices récoltés contribueront à la réalisation d'un projet de livre en braille destiné aux enfants malvoyants de 3 à 6 ans. Je souhaite ainsi offrir à tous la possibilité de découvrir la magie de la littérature.

Plongez dans ces pages et laissez-vous toucher par ma voix unique.

Remerciements

À vous, chers lecteurs(trice)s,

Je tiens à exprimer ma sincère gratitude pour avoir pris le temps d'explorer ces mots et ces émotions. Votre présence lors de ce voyage poétique signifie énormément pour moi. Chaque poème reflète une partie de mon âme, et savoir que vous avez plongé dans ces pages est un cadeau inestimable.

Je remercie également toutes les personnes qui m'ont soutenu et inspiré tout au long de ce processus. Que ce soit par leurs encouragements, leurs critiques constructives ou simplement par leur amitié, chacun a joué un rôle essentiel dans la réalisation de ce livre.

Enfin, j'espère que ces vers résonneront en vous et vous inviteront à réfléchir, à ressentir et à rêver. Que la beauté des mots continue d'illuminer vos cheminements personnels.

Avec toute ma reconnaissance,

Avec : Mes enfants Giuliano et Loris ; ma maman Anna-Maria ; ma sœur Julie ; Zohra et Elif, mes amies et mes collègues de travail, etc...

Votre soutien compte !

Chers lecteurs,

Merci d'avoir pris le temps de lire mon livre ! Votre avis est précieux et peut faire une réelle différence. Si vous avez apprécié votre lecture, j'aimerais vous demander un petit service : Laissez un commentaire !

Vos retours sur Amazon, Fnac, ou toute autre plateforme de vente sont extrêmement importants. Ils permettent non seulement d'améliorer mon travail, mais aussi d'aider d'autres lecteurs à découvrir cette œuvre.

Voici quelques points que vous pourriez mentionner dans votre commentaire :

- Ce que vous avez aimé dans le livre

- Les thèmes qui vous ont touché

- Ce que vous avez appris ou ressenti

Chaque commentaire et chaque étoile comptent ! Cela prend seulement quelques minutes de votre temps et cela signifie beaucoup pour moi.

Restons connectés !

N'hésitez pas à me suivre sur les réseaux sociaux pour rester informé(e) de mes actualités, projets et plus encore : - Facebook : @Elodie Malsert

- Instagram : @Elodie Fortunato

- Tiktok : @Elodie fortunato

Merci encore pour votre soutien et vos encouragements. J'espère que vous continuerez à explorer mes futurs écrits !

Avec toute ma gratitude,

Elodie.M.Fortunato

Lexique :

Thème de la spiritualité :

1. La méditation:

- l'Éveil de l'instant

-La quête spirituelle

2 . La guidance :

-La lumière de la Guidance

-Éveil de l'âme

3 . La prise de conscience :

-Au seuil de la conscience

4 . Bonus :

-Texte « test » d'évaluation d'auto
réflexion

Thème des émotions :

1 . L'espoir :

-L'éclat de l'espoir

« Quand les rêves s'envolent »

-Éveil des rêves divins

« Une symphonie de l'espoir »

2 . La peur :-Éveil vers la lumière

« Transcender la peur »

-Éveil de l'Âme

« Transcender la peur et rayonner la lumière »
3 . Le lâcher-prise :
-V
oyage émotionnel
-Renaître à l'instant Primaire
4 . Le Pardon :
-La Plénitude du Pardon
-Chaînes Brisées, Cœurs Allégés
-V
ers la Lumière du Présent
-L'Océan du Pardon
-L'Acte Sacré du Pardon
5 . L'Amour :
-L'Essence de l'Amour
-L'Amour Libérateur
-A Travers les Étoiles
-Déclaration d'Amour à moi-même
6 . Bonus :
-Texte
réflexion
« test » d'évaluation d'auto
Thème de l'état d'être :
1 . La Paix :
-Harmonie des Cultures
-L'essence de la Paix
-Un Cri pour la Paix
2 . La Liberté :
-Liberté de l'Être
-Liberté de l'Être Spirituel
3 . L'Abondance :
-L'Écho de l'Abondance
-L'Ombre de l'Abondance

4 . Les Flammes Jumelles

- L'Écho de l'Âme

-Ombres et Lumières

5 . Bonus :

-Texte « test » d'évaluation d'auto
réflexion